BEI GRIN MACHT SICH IH
WISSEN BEZAHLT

- Wir veröffentlichen Ihre Hausarbeit,
  Bachelor- und Masterarbeit

- Ihr eigenes eBook und Buch -
  weltweit in allen wichtigen Shops

- Verdienen Sie an jedem Verkauf

Jetzt bei www.GRIN.com hochladen
und kostenlos publizieren

Kai Subel, Michel Schultz

Mobile Computing und Wireless Applications

Anwendungen im Internet – Stand und Entwicklungstendenzen

GRIN Verlag

Bibliografische Information der Deutschen Nationalbibliothek:

Die Deutsche Bibliothek verzeichnet diese Publikation in der Deutschen National-
bibliografie; detaillierte bibliografische Daten sind im Internet über http://dnb.d-
nb.de/ abrufbar.

Dieses Werk sowie alle darin enthaltenen einzelnen Beiträge und Abbildungen
sind urheberrechtlich geschützt. Jede Verwertung, die nicht ausdrücklich vom
Urheberrechtsschutz zugelassen ist, bedarf der vorherigen Zustimmung des Verla-
ges. Das gilt insbesondere für Vervielfältigungen, Bearbeitungen, Übersetzungen,
Mikroverfilmungen, Auswertungen durch Datenbanken und für die Einspeicherung
und Verarbeitung in elektronische Systeme. Alle Rechte, auch die des auszugsweisen
Nachdrucks, der fotomechanischen Wiedergabe (einschließlich Mikrokopie) sowie
der Auswertung durch Datenbanken oder ähnliche Einrichtungen, vorbehalten.

Impressum:

Copyright © 2010 GRIN Verlag, Open Publishing GmbH
Druck und Bindung: Books on Demand GmbH, Norderstedt Germany
ISBN: 978-3-640-73292-0

Dieses Buch bei GRIN:

http://www.grin.com/de/e-book/160120/mobile-computing-und-wireless-applications

GRIN - Your knowledge has value

Der GRIN Verlag publiziert seit 1998 wissenschaftliche Arbeiten von Studenten, Hochschullehrern und anderen Akademikern als eBook und gedrucktes Buch. Die Verlagswebsite www.grin.com ist die ideale Plattform zur Veröffentlichung von Hausarbeiten, Abschlussarbeiten, wissenschaftlichen Aufsätzen, Dissertationen und Fachbüchern.

Besuchen Sie uns im Internet:

http://www.grin.com/

http://www.facebook.com/grincom

http://www.twitter.com/grin_com

2010

Mobile Computing und Wireless Applications

Anwendungen im Internet – Stand und
Entwicklungstendenzen

Michel Schultz, Kai Subel
Mobilnetze, dienstintegrierte Netze und Echtzeitkommunikation
26.04.2010

Inhaltsverzeichnis

Abbildungsverzeichnis

Tabellenverzeichnis

1 Einleitung

Diese Ausarbeitung befasst sich mit den beiden Themen „Mobile Computing" und „Wireless Applications". Ziel ist es, dem Leser einen möglichst aktuellen Einblick in diese beiden Themengebiete zu verschaffen. Dem Leser soll zudem klar werden, inwiefern diese beiden Themen zusammenhängen.

Zunächst wird näher auf das „Mobile Computing" eingegangen und erklärt, was mit diesem Begriff gemeint ist und was die Aufgaben des „Mobile Computing" sind. Anschließend werden Kriterien zur Akzeptanz genannt und einige der verwendbaren Endgeräte vorgestellt. Letztendlich werden unterschiedliche Übertragungstechniken erklärt und abschließend einige Zukunftsweisende Trends aufgezeigt.

In Bezug auf die „Wireless Applications" wird so vorgegangen, dass auch hier zunächst eine Einordnung des Begriffes gegeben wird. Anschließend werden anhand einiger möglicher Kategorien, die man unter den „Wireless Applications" einordnen kann, konkrete Praxisbeispiele gegeben. Darauf folgen eine nähere Betrachtung der aktuellen Entwicklung des Mobilfunkmarktes –insbesondere auch im Bereich der Smartphones sowie ein Einblick in den technischen Ablauf der Kommunikationsleitungstechnik –das Multiplex. Abschließend wird auch hier ein Überblick über mögliche zukünftige Entwicklungen gegeben.

2 Mobile Computing

Zunächst einmal soll geklärt werden, was dieser Begriff genau meint. „Mobile Computing" steht nicht, wie man vielleicht meinen könnte für eine spezielle Form der Kommunikation. Es ist vielmehr ein Oberbegriff unter dem sich verschiedene Formen der mobilen Kommunikation zusammenfassen lassen. Zu ihnen zählen:

- Ubiquitous Computing: Das allgegenwärtige Computing

- Pervasive Computing: Das alles durchdringende Computing

- Wearable Computing: Das tragebare Computing (in Form von Kleidung)

- Nomadic Computing: Das wandernde Computing

- Mobile Communications: Die Mobilkommunikation

- Wireless Communications: Die drahtlose Kommunikation[1]

Im nachfolgenden werden die einzelnen Formen genauer beschrieben. Begonnen wird mit dem „Ubiquitous Computing" welches in engem Zusammenhang mit dem „Pervasive Computing" steht. Beide Konzepte befassen sich mit der Allgegenwärtigkeit von Computer in unserem täglichen Leben.

2.1 Ubiquitous Computing

„Ubiquitous Computing" beschäftigt sich mit dem Phänomen, dass Computer immer mehr Besitz von unserem alltäglichen Leben ergreifen. Der Begriff wurde das erste Mal 1988 von Mark Weiser verwendet und anschließend durch seinem Aufsatz „The Computer for the 21st Century" geprägt. Mit Computern sind in diesem Fall jedoch nicht handelsübliche Desktop-PCs oder Laptops gemeint sondern kleinste (drahtlos) vernetzte Computer, die beispielsweise auf Dienste zugreifen können.[2]

Die Entwicklung verläuft somit immer mehr hin zu smarten Gebrauchsgegenständen, die in der Lage sind Informationen zu verarbeiten und auch mit dem Menschen zu kommunizieren. Gegenständen wird es somit ermöglicht Wissen darüber aufzubauen wo sie sich befinden und welche anderen Gegenstände in der Nähe sind.[3]

Hieraus resultiert auch einer der Hauptkritikpunkte dieser Kommunikationsform – der Datenschutz. Besonders günstig und unauffällig lässt sich eine Überwachung mit Hilfe von RFID bewerkstelligen. Ein weiterer Kritikpunkt betrifft den zusätzlichen Energieaufwand und den aus den verbauten Ressourcen resultierenden Müll.[4]

---

[1] Vgl. [FTo9], S. 13
[2] Vgl. [FT09], S. 14
[3] Vgl. [UCM10]
[4] Vgl. [WPUC10]

5

2.2 Pervasive Computing

Der Begriff des „Pervasive Computing" wird oft als Synonym zum „Ubiquitous Computing" verwendet.[5] Auch hier geht es in erster Linie um das allgegenwärtige Computing, von dem unser tägliches Leben immer mehr durchdrungen werden soll. Laut Fuchss steht hierbei jedoch mehr der technische Aspekt im Vordergrund –also die Frage wie eine mögliche Realisierung und technische Umsetzung des allgegenwärtigen Computing aussehen kann.[6]

2.3 Wearable Computing

„Wearable Computing" meint das Tragen von Computern am Körper in Form von Kleidung. Ziel ist es, den Anwender bei seinen Tätigkeiten zu unterstützen. Damit diese Anforderung erfüllt werden kann, sind tragbare Computer meist ohne den Gebrauch von Händen bedienbar. Ferner sind diese Geräte „always on". Ein einschalten bei Benutzung ist also nicht mehr nötig. Dies ermöglicht eine intuitivere Interaktion mit den Geräten.[7] Beispiele sind Displays in Brillen oder sprachgesteuerte Anwendungen.[8]

2.4 Nomadic Computing

Hiermit ist das umherziehende Computing gemeint. Anwender nutzen bestimmte IT-Dienste (Anwendungs-, Kommunikations- und Transverdienste) mittels mitgebrachter Technik. Hierbei kommt es auf die erfolgreiche Zusammenarbeit von mobilen Geräten und ortsgebundenen Servern an. Die Besonderheiten liegen darin, dass man nie genau weiß, von wo aus sicher der Nomade das nächste Mal in das System einloggt.[9] Außerdem ist der Punkt der Migration der Software zwischen sehr unterschiedlichen Plattformen ein Aspekt, der bei der Entwicklung berücksichtigt werden muss.[10]

2.5 Mobile Communications

Unter „Mobile Communications" ist die Mobilkommunikation zu verstehen –also Sprach oder Datenkommunikation über mobile Endgeräte. Das hierfür eingesetzte Netzwerk kann entweder ad hoc (beispielsweise per Bluetooth –also ohne Verwendung einer Infrastruktur) gebildet werden oder aber eine feste Infrastruktur (wie z.B. ein WLAN) haben.[11]

2.6 Wireless Communications

Mit „Wireless Communications" ist die drahtlose Kommunikation gemeint. Geräte werden per Funk an das Internet, Telefonnetz oder lokale Netz angebunden. Dies kann z.B. über GSM, GPRS, UMTS, HSDPA, WLANs oder Bluetooth erfolgen. Ermöglicht werden hierdurch auch ad hoc Verbindungen. Eingesetzt wird diese Technik unter anderem bei drahtlosen Tastaturen, Mäusen oder sonstigen Eingabegeräten.[12] Einschränkend ist anzumerken, dass man „Wireless Communications" nicht direkt als Teilmenge des „Mobile Computing" ansehen kann, da drahtlose Kommunikation zwar für „Mobile Computing" benötigt wird, aber für sich als Thema vielmehr beinhaltet.

---

[5] Vgl. [MF08]
[6] Vgl. [FT09], S. 14
[7] Vgl. [FT09], S. 15
[8] Vgl. [RA04]
[9] Vgl. [FT09], S. 16 f
[10] Vgl. [BH07]
[11] Vgl. [WPM10]
[12] Vgl. [BD10]

2.7 Mobile Computing – eine Definition

Wie im Vorhergehenden dargestellt wurde, lassen sich unter dem Oberbegriff des „Mobile Computing" viele Formen der Kommunikation zusammenfassen. Es stellt also eine Art Mischform dieser unterschiedlichen Begrifflichkeiten dar. Aus der Sicht von Fuchss ist folgendes eine gute Definition des „Mobile Computing":

„Das Ziel des Mobile Computing ist es, den Benutzer und dessen Anwendungen mit effektiven rechnerunterstützten Konzepten, Verfahren und Lösungen zu versorgen, die es ihm ermöglichen, in einem heterogenen Umfeld mit stets unsicherer Verbindungslage (private) Daten und Informationen zu lesen und zu bearbeiten und dies unabhängig von Ort und Zeit".[13]

Zu den Aufgaben des „Mobile Computings" gehört also nicht nur die Entwicklung von Software für spezielle Hardware wie Laptops, PDAs oder Smartphones. Es geht vielmehr darum verteilte Informationssysteme zu entwickeln und dabei die besonderen Anforderungen an die einzelnen Komponenten und deren Übertragungswege zu berücksichtigen.[14]

2.8 Mobile Anwendungen

Eine entscheidende Rolle für die Akzeptanz mobiler Anwendungen spielen neben den Kommunikationsmöglichkeiten und dem Kommunikations- und Infrastrukturnetz (hiermit sind in diesem Fall nicht die Hardware sondern die Übertragungsmöglichkeiten gemeint) vor allem die mobilen Endgeräte.[15]

Die Geräte lassen sich in unterschiedliche Gerätegruppen klassifizieren:

Tabelle 1 - Klassifizierung mobiler Endgeräte – Vgl. [ETME07]

Typ	Beschreibung und Bewertung
Laptop	+Vollwertiger Desktopersatz der leicht ist und somit räumlich ungebundenes Arbeiten unterstützt -Meist nur kurzer Akkubetrieb möglich
PDAs	+Längere Betriebsbereitschaft als Laptop +Ermöglichen z.B. das Nutzen abgespeckter Office Anwendungen -Geringere Leistung als Laptop
Smartphones	Kombinieren die Funktionen von PDAs mit denen eines Handys. Zudem bieten sie Platz für individuelle Programme (Apps). Beispiele sind das iPhone oder das BlackBerry
Sensoren und Embedded Systems	+Sie stellen die momentan kleinste Form der mobilen Geräte dar. Die Umgebung wird hierbei mittels Sensoren überwacht, welche Zustandsinformationen erfassen und Änderungen melden können. Sie gehören in die Welt des „Ubiquitous Computing".

Zusammenfassend lässt sich festhalten, dass mobile Geräte dadurch gekennzeichnet sind, dass sie

- Über eine geringere Rechenleistung verfügen

- Über eine geringere Speicherkapazität verfügen

- In ihrer Darstellungsmöglichkeit (Displaygröße, Auflösung) begrenzt sind

---

[13] Vgl. [FT09], S. 17
[14] Vgl. [FT09], S. 17f
[15] Vgl. [FT09], S. 18f

- Abhängig von ihrer Akkuleistung sind

- Kleiner sind als stationäre Geräte[16]

2.9 Netzwerke

Mobile Computing erfordert es, dass man von überall auf seine Daten zugreifen kann. Dies ist technisch nur mit Hilfe von Funknetzwerken realisierbar, da nur diese ortsunabhängige Zugangspunkte bereitstellen können.[17] Im Nachfolgenden werden einige der gängigen Übertragungstechniken beschrieben.

Tabelle 2 - Übertragungstechniken in Funknetzwerken –Vgl. [OM05]

Technik	Beschreibung und Bewertung
IrDA	Infrarot zählt zu den älteren Übertragungstechniken. Sie funktioniert mittels Infrarotwellen. Es können Übertragungsraten von bis zu 16 MBit/s erreicht werden, bei Handys sind jedoch eher 115 KBit/s die Regel. +Infrarot ist unempfindlich gegenüber elektromagnetischen Einflüssen, -Erfordert jedoch Sichtkontakt.
Bluetooth	Verwendet Funkfrequenzen zwischen 2.400 und 2.483,5 GHz zur Übertragung der Daten, wobei Übertragungsgeschwindigkeiten zwischen 732,2 KBit/s und 2,2 MBit/s erreicht werden. Die Reichweite liegt dabei zwischen 10 und 100 Metern. +Zudem ist bei Bluetooth kein Sichtkontakt der beteiligten Parteien nötig.
WLAN	Der WLAN Standard 802.11 wurde 1997 gegründet. Bei einem WLAN werden mobile Geräte in ein Netzwerk mit meist fest installieren Access Points eingebunden. Die verwendeten Übertragungsfrequenzen liegen im 2,4 GHz Bereich. +Als Übertragungsgeschwindigkeit sind 11-600 MBit/s angegeben. +Die Kommunikation ist im ad hoc (direkte Verbindung ohne z.B. Access Point)- oder Infrastrukturmodus (z.B. Verwendung eines Access Points) möglich. -Im Vergleich zu Bluetooth ist es jedoch störanfälliger. Dies gilt insbesondere bei überlappenden WLANs, die auf derselben Frequenz senden und sich gegenseitig stören.
UMTS	Ist eine Weiterentwicklung der Datenübertragung in Mobilfunknetzen (der Vorgänger ist GSM). Durch UMTS werden Übertragungsraten von bis zu 2 MBit/s erreicht. +Dies ermöglicht zum einen eine bessere Sprachübertragung und zum anderen die Nutzung von Internet. -Ein Problem ist, dass die Übertragungsrate sinkt, sobald sich der Nutzer bewegt. Da ein UMTS-Sendemast nicht ausreicht, um die gesamte Welt abzudecken, ist UMTS in Zellen organisiert. Die kleinste bildet die sogenannte Pikozelle. Dies sind Hotspots mit räumlich sehr begrenzter Reichweite. Die Übertragungsrate sinkt sobald sich der Teilnehmer schneller als 10 km/h bewegt. In Städten werden Mikrozellen eingesetzt. Einzelne Sendemasten decken hierbei ganze Stadtteile ab. Die maximale Übertragungsrate beträgt dabei 384 KBit/s. Der Nutzer kann sich mit bis zu 120 km/h bewegen. Für ländliche Gebiete werden Makrozellen verwendet. Sie bieten Übertragungsgeschwindigkeiten von bis zu 144 KBit/s und funktionieren bis zu einer Geschwindigkeit von 500 km/h.

Eine spezielle Form der Netzwerke bilden die bereits erwähnten ad-hoc Netzwerke. Dies sind Netzwerke zwischen mindestens zwei Teilnehmern ohne das hierbei eine Infrastruktur wie z.B. Hubs

---

[16] Vgl. [FT09], S. 21
[17] Vgl. [FT09], S. 22

oder Switches verwendet wird. Ad hoc Netzwerke werden häufig bei der Datenübertragung von Handys eingesetzt.[18]

Der Ablauf bei einem ad hoc Netzwerk funktioniert nach dem Master/Slave-Prinzip. Derjenige, der als erstes eine Anfrage beantwortet, wird der Master. Der Master ist für die Aufgaben des Routing verantwortlich, hat jedoch ansonsten keine höheren Rechte gegenüber dem Slave. Mögliche Verbindungen sind:[19]

Point-to-Point   Point-to-Multipoint   Verbund eines Scantternetzes

Abbildung 1 – Beispiele für ad hoc Netzwerke –Vgl. [OM05], S. 9

Point-to-Point zeigt dabei eine direkte Verbindung zwischen zwei Teilnehmern. Bei einer Point-to-Multipoint-Verbindung kommunizieren mehrere Teilnehmer mit einem Master. Beim Verbund eines Scantternetzes sind mehrere Netze miteinander verbunden. Dabei erfolgt die Kommunikation über die Master des jeweiligen Netzes. Die Master der beiden Netze stehen dabei wiederum in einem Master-Slave Verhältnis zueinander.[20]

2.10 Zukunft des Mobile Computings

Über die Zukunft des „Mobile Computings" gibt es viele verschiedene Vorstellungen. Einen möglichen Ansatzpunkt bildet das „Wearable Computing". Die aktuell am Markt erhältlichen Wearables sind meist nicht besonders benutzerfreundlich. Hier sind in den nächsten Jahren Verbesserungen zu erwarten, da Kleinstcomputer immer leistungsfähiger werden und größere Speicher besitzen. Zudem wird es Fortschritte in der Mensch-Computer Schnittstelle geben. Hier ist beispielsweise die Bedienung der Wearables per Sprachsteuerung möglich.[21]

Ein weiterer Schritt in Richtung Zukunft kann im Bereich des „Ubiquitous Computing" gesehen werden. Beispielprojekte sind hierbei Smart Floor (Personenerkennung am Laufgeräusch), Systeme zur Auswertung des Gesichtsausdrucks oder aber Augmented Reality (meint die Erweiterung der menschlichen Sinne, um z.B. behinderten zu helfen).[22]

---

[18] Vgl. [OM05], S. 8
[19] Vgl. [OM05], S. 9
[20] Vgl. [OM05], S. 9
[21] Vgl. [US00], S. 2ff
[22] Vgl. [CH08]

3 Wireless Applications

Als nächstes soll näher auf den Bereich der „Wireless Applications" eingegangen werden. Dazu muss zunächst einmal geklärt werden, was hiermit gemeint ist.

„Wireless Appications" bezeichnen Anwendungen, die auf mobilen Geräten laufen und diese mit anderen Systemen verbinden können. Das Anwendungsspektrum reicht von einfachen Telefon- und Messagingservices bis hin zu anspruchsvollen Anwendungen wie Videoübertragung oder Spielen.[23]

3.1 Kategorien von Wireless Applications

Um einen besseren Überblick über mögliche Anwendungen zu verschaffen, kann man den unterschiedlichen Anwendungen Kategorien zuweisen.

Tabelle 3 - Kategorien von Wireless Applications –Vgl. [MMA08], S. 1f

Typ	Beispiele
Kommunikation	• E-Mail (z.B. Outlook, Thunderbird) • Mobile Web- und Internetbrowser • Social Networks (StudiVZ, Facebook)
Spiele	• Sport (z.B. Need for Speed Shift, Fifa 2010) • Strategie • Action
Multimedia	• Bildanzeige • Audio, Video (z.B. Youtube, Web-TV)
Produktivität	• Kalender • Rechner • Tabellenkalkulation (z.B. Excel) • Word • Notizblock
Reisen	• Stadtführer • Navigation (mittels verbauter GPS-Sender) • Wetterbericht
Nützliche Zusatzprogramme	• Adressbuch • Profilmanager • Dateimanager (um Verzeichnisstrukturen zu erstellen, Dateien zu verschieben, kopieren etc.) • Taskmanager

3.2 Arten der mobilen Interaktion

Bei der mobilen Interaktion werden verschiedene Arten der Interaktion unterschieden.

- Zum einen gibt es die Mensch-zu-Mensch Interaktion. Hiermit sind z.B. E-Mail oder Chat gemeint.

- Eine weitere Form ist die Mensch-zu-Inhalt Interaktion, worunter man beispielweise den Abruf von Websiteinhalten verstehen kann.

---

[23] Vgl. [BD10]

10

- Desweiteren gibt es die Mensch-zu-Maschine Interaktion. Ein Beispiel wäre hierbei das Fernsteuern von Maschinen.

- Als letzter Punkt ist die Maschine-zu-Maschine Interaktion zu benennen. Damit sind z.B. Roboter bei der Produktion gemeint, die untereinander Informationen austauschen und sich so gegenseitig abstimmen.

3.3 Entwicklung des Mobilfunkmarktes

Einen wichtigen Absatzmarkt im Bereich der Wireless Communications stellt der Mobilfunkmarkt dar.

Abbildung 2 - Mobiltelefone: Deutschland in der Spitzengruppe -Vgl. [BM06]

Wie in der Abbildung 2 zu erkennen ist, besaß 2006 laut Statistik jeder Bundesbürger bereits mehr als einen Mobilfunkanschluss. Laut Prognose sollte sich diese Zahl bis 2010 noch deutlich erhöhen. Es ist somit nicht verwunderlich, dass es hier aufgrund des besonders großen Marktes jährlich eine Vielzahl neuer Entwicklungen gibt. Das Handy ist mittlerweile vielmehr als nur ein mobiles Telefon. Aktuelle Geräte kombiniert Funktionen wie Telefon, Kamera oder Internet. Eine logische Folge daraus ist, dass sich auch das Nutzungsverhalten geändert hat. Am Beispiel des iPhones wird klar, dass nicht mehr unbedingt das Telefonieren als Hauptfunktion genutzt wird:

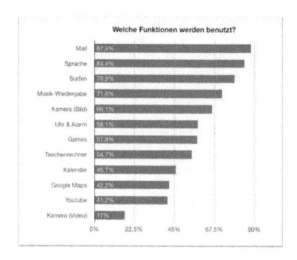

Welche Funktionen werden benutzt?

Mail	87.9%
Sprache	84.4%
Surfen	78.9%
Musik-Wiedergabe	71.6%
Kamera (Bild)	66.1%
Uhr & Alarm	59.1%
Games	57.8%
Taschenrechner	54.7%
Kalender	45.7%
Google Maps	42.2%
Youtube	41.2%
Kamera (Video)	17%

0%   22.5%   45%   67.5%   90%

Abbildung 3 - iPhone Nutzerverhalten -Vgl. [ML09]

3.4 Upload und Download

Das Problem, welches sich aus einer solch hohen Zahl von Nutzern der „Wireless Communications"
ergibt, lässt sich mit folgendem Motto gut beschreiben: Viele Gespräche, wenig Leitungen. Es gibt
also viel mehr Benutzer, die Dienste in Anspruch nehmen wollen, als es Leitungen gibt. Zudem
fließen im Falle einer Kommunikation Daten auch immer in zwei Richtungen –hin und zurück (Up-
/Download). Damit diese Datenströme nicht vermixt werden, werden sogenannte Duplexverfahren
eingesetzt. Man unterscheidet hierbei zwischen Time Division Duplex (TDD) und Frequency Division
Duplex(FDD).[24]

Tabelle 4 - Duplexverfahren im Überblick -Vgl.[BMBF07], S. 11f

Typ	Beschreibung
TDD	Hierbei wird für jeden Up- und Download dieselbe Frequenz verwendet. Da jedoch nie gleichzeitig gesendet wird, werden Kollisionen ausgeschlossen. Jeder der Teilnehmer darf abwechselnd senden. Möchte er nichts senden, bleibt sein Slot ungenutzt. Insofern das wechselseitige Schicken schnell genug ausgeführt wird, merkt der Nutzer hiervon nichts. Time Division Duplex (TDD) frequency downlink uplink subframe subframe channel 1 ▭▭▭ time Abbildung 4 - Time Division Duplex (TDD) -Vgl. [CD09]
FDD	FDD Funktioniert ähnlich wie TDD, verwendet jedoch anstelle unterschiedlicher Zeitpunkte zum Senden einer Nachricht unterschiedliche Frequenzen.

---

[24] Vgl. [BMBF07], S. 10f

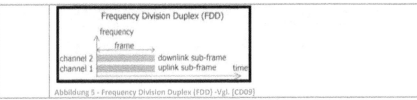

Diese beiden Szenarien zeigen also, wie vorgegangen werden kann, wenn man Daten zu einer Basisstation und zurück schicken möchte. Wenn jedoch auch noch andere Teilnehmer diese Basisstation nutzen möchten, muss eine Mehrfachnutzung des Kommunikationssignals ermöglicht werden. Hierfür werden sogenannte Multiplexverfahren eingesetzt.

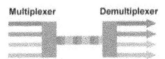

Hierbei gibt es wiederum unterschiedliche Ansätze. Dazu zählen das Time Division Multiple Access (TDMA), das Frequency Division Multiple Access (FDMA), das Code Division Multiple Access (CDMA) sowie das Space Division Multiple Access (SDMA).[25]

Typ	Beschreibung
TDMA	TDMA ist ein Zeitmultiplexverfahren, ähnlich dem TDD. Die Daten der Nutzer werden dabei in abgegrenzte Pakete aufgeteilt, wobei verschiedene Teilnehmer dieselbe Frequenz zur gleichen Zeit nutzen. Die Abfolge der Datenelemente ist dabei so schnell, dass man von den Unterbrechungen nichts mitbekommt. Entscheidend ist hierbei, dass die Empfangsstation genau wissen muss, wann sie zuhören muss, um Daten zu empfangen. Eingesetzt wird dieses Verfahren beispielsweise bei GSM.
FDMA	Hierbei handelt es sich um Frequenzmultiplex. Die Daten werden dabei in Frequenzsegmente aufgeteilt, welche zur selben Zeit verschickt werden können. Damit dies möglich ist, nutzen verschiedene Nutzer zur gleichen Zeit unterschiedliche Frequenzen. Dieses Verfahren findet häufig Einsatz bei GSM. Es gibt zu dem eine Erweiterung –das Orthogonal Frequency Division Multiple Access (OFDMA) Verfahren. Hierbei wird das Trägersignal wiederum in viele Subträgersignale aufgeteilt, wobei ein Teilnehmer bis zu mehreren Tausend orthogonale (Frequenzen haben eine feste Phasenbeziehung, Überlappungen sind möglich) Frequenzen nutzen kann. Einsatzgebiete hierfür sind z.B. das Terrestrische Fernsehen, WiMAX oder die nächste Mobilfunkgeneration G4.
CDMA	CDMA stellt eine Kombination der zuvor beschriebenen Verfahren TDMA und FDMA dar. Die Daten werden hierbei über das gesamte Frequenz-Zeit-Spektrum „gespreizt". Die Daten eines jeden Benutzers werden dabei einem Code zugeordnet, der die eindeutige Identifizierung ermöglicht. Dies ermöglicht es, dass verschiedene Teilnehmer zur selben Zeit die Selbe Frequenz nutzen –jedoch mit unterschiedlichem Code. Der Vorteil dieses Verfahrens liegt darin, dass eine variable Nutzung der Bandbreite möglich ist. Bei TDMA/FDMA wird unabhängig von der tatsächlichen Nutzung ein fester Betrag der insgesamt zur Verfügung stehenden Bandbreite innerhalb einer Funkzelle

---

[25] Vgl. [BMBF07], S. 11f

aufgebraucht. Bei CDMA hingegen kann die zur Verfügung stehende Datenrate flexibel an die Nutzung angepasst werden. Bekannte Einsatzgebiete hierfür sind UMTS oder GPS.

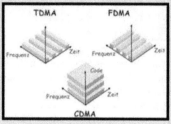

SDMA	Das Problem bei Funknetzwerken ist, dass jede Funkzelle jeweils nur einen kleinen Bereich abdeckt. Es sind also viele Funkzellen nebeneinander nötig, um ein flächendeckendes Netz zu schaffen. Jede dieser einzelnen Zellen benutzt dabei eine eigene Frequenz. Damit es hierbei zu keinen Überlappungen unter den einzelnen Zellen kommt, werden jeweils unterschiedliche Frequenzen genutzt. Man bezeichnet dies als räumliches Multiplex. Der GSM Standard nutzt beispielsweise 7 Zellen mit jeweils einer anderen Frequenz.

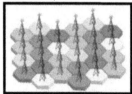

Abbildung 8 - Space Divsion Multiple Access (SDMA) -Vgl. [BMBF07], S. 14

3.5 Zukünftige Entwicklungen

Um noch einmal auf die Einsatzgebiete der „Wireless Applications" zurück zu kommen, soll abschließend ein Blick auf mögliche zukünftige Entwicklungen gegeben werden. Wie im Vorhergehenden bereits gezeigt, gibt es bereits heutzutage ein großes Einsatzspektrum von „Wireless Applications". Die Entwicklungsteams verschiedener Firmen arbeiten momentan an Projekten, die den Nutzer immer mehr in seinen Tätigkeiten unterstützen und komfortabel nutzbar sind. Ein Beispiel wäre das Orten von Personen per GPS um Treffen zu erleichtern. Als weiteres Szenario sind ortsabhängige Einstellungen möglich (z.B. Handy auf lautlos, sobald man im Büro ist). Eine Weiterentwicklung der üblichen Erinnerungsfunktion über eine gewisse Datums- und Zeitvorgabe wäre die Auslösung von Ereignissen in Abhängig vom Ort des Nutzers.

4 Zusammenfassung

Abschließend lässt sich sagen, dass beide Themen, das „Mobile Computing" und die „Wireless Applications" relativ eng miteinander verbunden sind. „Mobile Computing" kann dabei als weitgefasster Begriff angesehen werden, der sich hauptsächlich um den Zugang zu bestimmten Ressourcen von jedem beliebigen Ort aus mittels mobiler Geräte befasst, wohingegen mit „Wireless Applications" die Anwendungen gemeint sind, die auf diesen mobilen Geräten laufen.

Quellen

[BD10]   BSI; 2010; Drahtlose Kommunikation;
            https://www.bsi.bund.de/cln_192/DE/Themen/weitereThemen/MobileSecurity/Dra
            htloseKommunikation/drahtlosekommunikation_node.html; abgerufen am
            17.04.2010

[BH07]   Hinrich E. G. Bonin; Leuphana Universität Lüneburg, 2007; Nomadic Computing &
            CRM; http://as.uni-lueneburg.de/publikation/nomadic.pdf; abgerufen am 14.04.10

[BM06]   Bitkom; 2006; Mobiltelefone: Deutschland in der Spitzengruppe;
            http://www.chip.de/ii/126944023_b9fa46faa2.jpg; abgerufen am 15.04.2010

[BMBF07]   BMBF; 2007; Handy-Technik;
            http://www.techtower.de/pdf/techtower_handytechnik_Datentransfer.pdf;
            abgerufen am 12.04.2010

[CD09]   Conniq; 2009; Duplexing Scheme in WiMAX: TDD or FDD;
            http://www.conniq.com/WiMAX/tdd-fdd.htm; abgerufen am 10.04.2010

[CH08]   Annemarie Conte, Esther Haynes; 2008; The Future of Mobile Computing;
            http://www.popsci.com/node/23610; abgerufen am 18.04.2010

[ETME07]   E-Teaching; 2007; Mobile Endgeräte; http://www.e-
            teaching.org/technik/vernetzung/mobile_computing/endgeraete/; abgerufen am
            12.04.2010

[FT09]   Thomas Fuchss; Hanser Verlag, 2009;Mobile Computing: Grundlagen und Konzepte
            für Mobile Anwendungen

[MF08]   Friedemann Mattern; 2008; Pervasive Computing/Ubiquitous Computing;
            http://www.vs.inf.ethz.ch/res/papers/UbiPvCSchlagwort.pdf; abgerufen am
            12.04.2010

[ML09]   Maniac-Lizard; 2009; iPhone Statistik der Funktionen; http://maniac-
            lizard.com/blog/wp-content/uploads/2009/10/iphone-japan-statistik-
            funktionen.png; abgerufen am 09.04.2010

[MMA08]   Mobile Marketing Associations; Education, 2008; Mobile Applications;
            http://www.mmaglobal.com/mobileapplications.pdf; abgerufen am 16.04.2010

[OM05]   Michael Oeste; 2005; Mobile Computing; http://www.bs.informatik.uni-
            siegen.de/www/lehre/ws0405/webtech/Ausarbeitungen/Mobile_computing.pdf;
            abgerufen am 14.04.2010

[RA04]   Angelika Rockel; Universität Bremen 2004; Wearable Computing: für den mobilen
            Arbeiter der Zukunft; http://www.innovations-
            report.de/html/berichte/informationstechnologie/bericht-30884.html; abgerufen am
            12.04.2010

[UCM10]   4Managers; 2010; Ubiquitous Computing: Die Allgegenwärtigkeit von Computern;
            http://www.4managers.de/management/themen/ubiquitous-computing/; abgerufen
            am 10.04.2010

[US00]   Stephan Uhrig; 2000; Future Trends – Visionen des Mobile Computing im 21.
            Jahrhundert; http://www.informatik.tu-
            darmstadt.de/BS/Lehre/Sem99_00/Texte/T12.pdf; abgerufen am 17.04.2010

[WPM10]   Wikipedia; 2010; Mobilkommunikation;
            http://de.wikipedia.org/wiki/Mobilkommunikation; abgerufen am 16.04.2010

[WPUC10]   Wikipedia; 2010; Ubiquitous Computing;
            http://de.wikipedia.org/wiki/Ubiquitous_Computing; abgerufen am 09.04.2010